日常 でも アウトドア でも使える

結び方包み方

イラストでよくわかる

快適ライフ委員会［編］

JN058233

彩図社

もくじ

	第1章	日常生活に便利な「結ぶ」「縛る」「つつむ」「たたむ」

第2章 アウトドアで活躍する「結ぶ」「縛る」「つつむ」「たたむ」

第3章 自分でできると楽しい「つつむ」「たたむ」

第4章　緊急・防災時のための「結ぶ」「縛る」

日常生活に便利な「結ぶ」「縛る」「つつむ」「たたむ」

ちょうちょ結び

靴ひもなどで、よく使われることが多い「ちょうちょ結び」。
結んでほどいてを繰り返すものに向いています。

1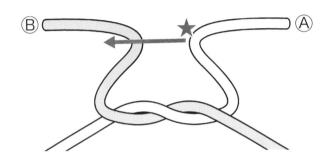

ひもの端を交差させ、★印のところで折って矢印のように通します。

2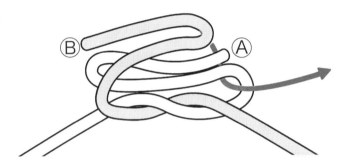

続いてひも⑧を折り、矢印のようにくぐらせます。

3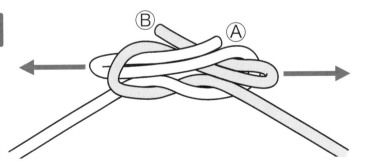

2つの輪を左右に引っ張り、結び目を引き締めます。

4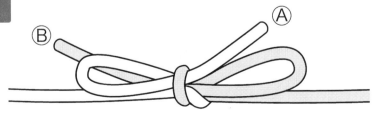

完成です。Ⓐと⑧の先端を引くと、簡単にほどけます。

片ちょう結び

ちょうちょ結びするにはひもの長さが足りない。
そんなときには、この「片ちょう結び」を使うととても便利です。

1 ひもの端を交差させ、ひも⒜を
★印のところで折って矢印のよ
うに通します。

2 ひも⒜を矢印のように通します。このとき二つ折りにすると、左ページで紹介したちょうちょ結びになります。

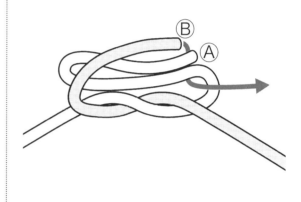

3 ひも⒜の輪の端と、ひも⒝の端
を引き、結び目を固定します。

4 完成。ひも⒜の先端を引くと、
簡単にほどけます。

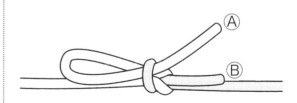

8の字結び

キャンプ場で活躍するのが、この「8の字結び」です。
タープのポールを引くときなど、輪状にして引っかけます。

1 ひもを折って細長い輪を
作ります。

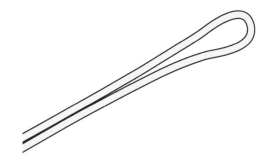

2 輪状になっているひもを、もう
一度折ります。その後、図のよう
にしてひもを巻きつかせます。

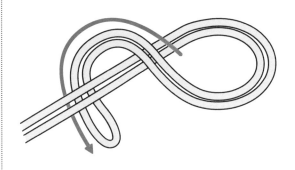

3 巻きつかせた先端部分を右側
の輪に通して、引き締めます。

4 これが「8の字結び」です。棒状
のものに通して使用します。

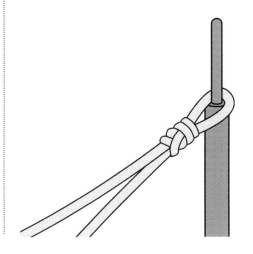

巻き結び

棒状のものに巻きつける結びかた。シンプルな方法でも、ひもの摩擦で
しっかり固定できるのが特徴です。

1 結びたい棒状のものにひもを
かけます。

2 ひもの先端を再度巻きつけ
ます。

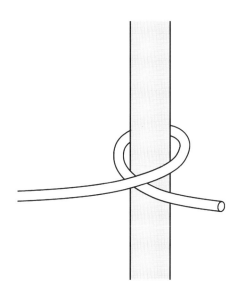

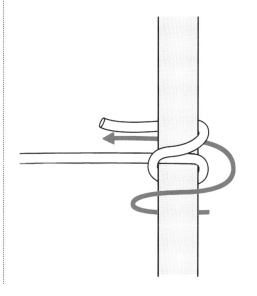

3 手順2でできた輪に、ひもの端
を通します。

4 元のひもと先端を左右から引
き、結び目を引き締めます。これ
で完成。元のひもに力が加わっ
ていれば、ほどけません。

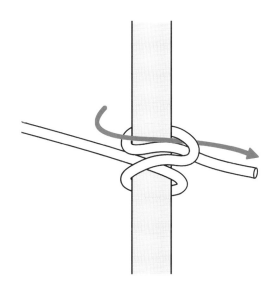

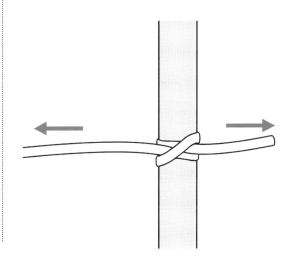

ひと結び

棒状のものにひもを一周させ、輪状にして間に通す「ひと結び」。
これを2回繰り返したのが「ふた結び」です。

1 結びたい棒状のものに、ひもを
かけます。

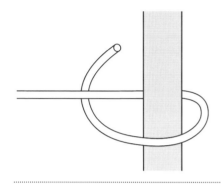

2 ひもの先端を、元のひもの下に
くぐらせ、矢印のように輪の中
を通します。これが「ひと結び」
です。

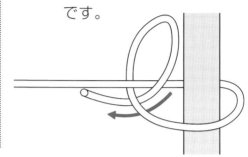

3 ひもの先端と元のひもを引き、
結び目を引き締めます。

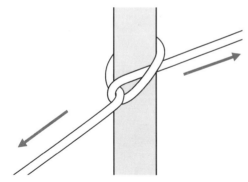

4 もう1度ひと結びにします。

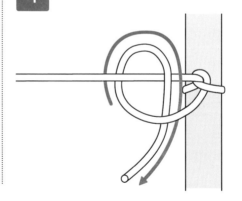

5 ひもの先端と元のひもを引っ張り、固定
します。元のひもに力が加わっていれば、
ほどけることはありません。

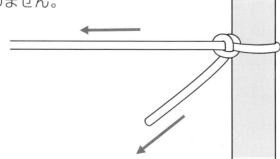

Lesson.6

一重つぎ

ひもの長さが足りず、別のひもを継ぎ足すときに用いる結びかた。
材質の違うもの同士でも結べます。

1 ひも④の先端を2つに折り、⑧の先端を矢印のように通します。

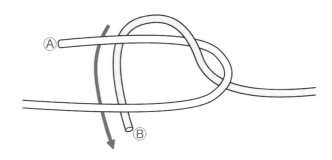

2 ⑧の先端部分を、矢印のように⑧の下と④の上の間にくぐらせます。

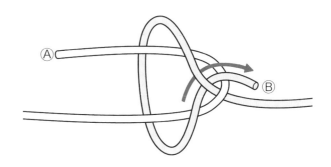

3 ④と⑧を引っ張ります。

4 結び目を引き締めて完成です。

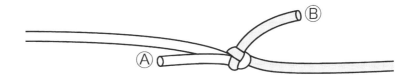

本結び

きちんと結ぶことができるのに、簡単にほどけるのが特徴。
結びかたの基本中の基本なので、覚えておきましょう。

1

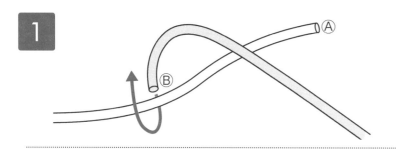

ひも⒝をひも⒜に、
矢印の方向に巻き
つけるようにして通
します。

2

図のような形になっ
たら、ひも⒜とひも
⒝を矢印の方向に通
して交差させます。

3

ひも⒜とひも⒝の
端を引っ張ります。

4

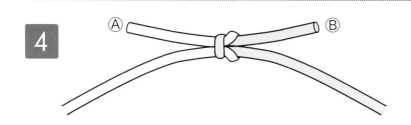

2本のひもが引き締
まって、完成です。

1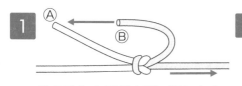

⒝のひもの両端を引っ張ります。

2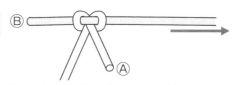

図のような形になったら、結び目を
手で押さえます。⒝のひもを引く
と、簡単に抜けます。

もやい結び

船乗りの間で広く使われる「もやい結び」。船を港に係留するときに使われ、きちんと結べるのにほどきやすい。

1 ひもに輪を作ってから、先端を固定したい場所にかけます。

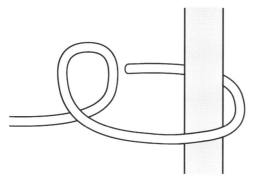

2 図のようにして、ひもを輪に通します。

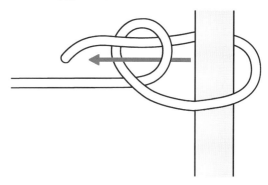

3 輪に通した先端を、元のひもの下にくぐらせます。

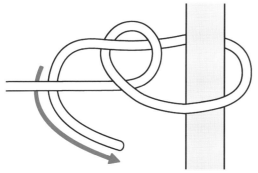

4 手順**2**とは逆方向から、輪に先端を通します。

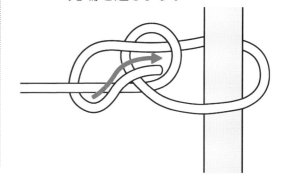

5 先端と元のひもを引き、結び目を締めます。

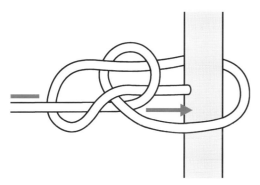

6 これで完成です。

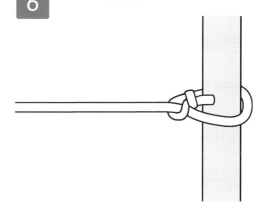

テグス結び

テグスとは釣り糸のことで、これを継ぎ足すときの結びかた。
ほどきやすいのに、強度が非常に強いです。

1 Ⓐのひもを矢印のようにⒷのひもに巻きつけます。この結びかたを「とめ結び」といいます。

2 続いてⒷのひもをⒶに巻きつけます。

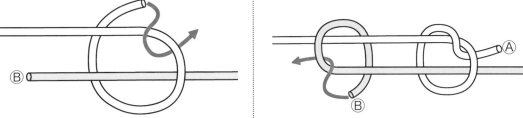

3 こちらもとめ結びにしておきます。

4 とめ結びが2つできたら、左右からひもを引きます。

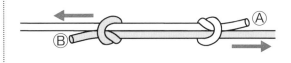

5 結び目がくっついたら、さらに引き締めます。これで完成です。

張りのあるロープの結びかた

Lesson.10

この「張り綱結び」で洗濯ロープを結べば、服を干してもだらりとたわまず、ピンと伸びた状態をキープできます。

1 柱などにひもをかけ、元のひもに一度巻きつけます。少し間隔を取って、もう一度巻きつけます。

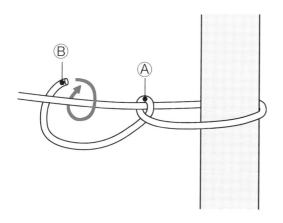

2 2つの結び目（ⒶとⒷ）の間に、ひもを通します。

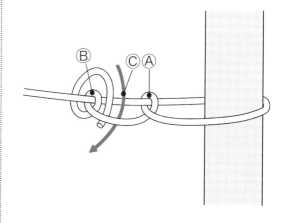

3 更にもう一度巻き付け、ひもの先端を引くと、Ⓐ～Ⓓの4つの結び目が締まります。

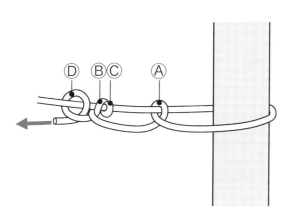

4 これで完成。Ⓑ～Ⓓの3つの結び目を矢印の方向に引くと、ロープがピンと張れます。

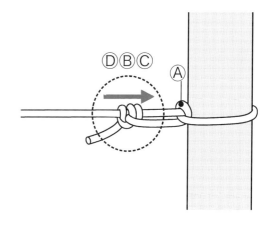

電気コードの長さを調節できる結びかた

コードの長さを調節できる「縮め結び」で、デスクがすっきり。きつく結ぶと発火・発熱のおそれがあるので注意。

1 コードを図のように折り曲げて置きます。

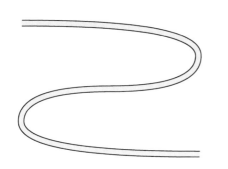

2 図の場所で輪を作ります。コードの重なり方が正しくないと、後にうまく締まらないので注意。

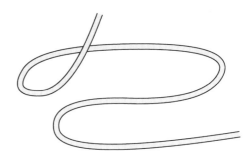

3 手順❷で作った輪に、コードの折り曲げた部分を通します。

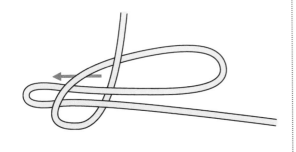

4 反対側でも図のようにして輪を作ります。こちらもコードの重なりかたに注意すること。

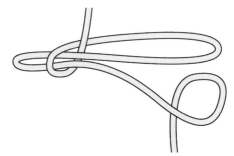

5 新しくできた輪に、コードの折り曲げた部分を通します。

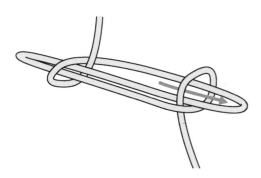

6 輪を固定しつつコードの先端を引くと、結び目が締まります。これで完成。長さを簡単に調節できます。

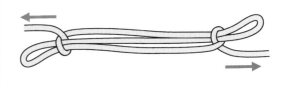

ホースのまとめかた

太くて長いホースは、どうしてもかさばりがち。
先端を結び目にするとうまくまとまり、収納しやすくなります。

1 ホースを輪になるよう、時計回りに巻いていきましょう。

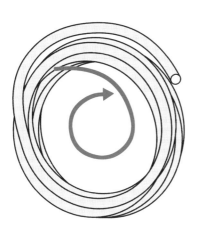

2 巻き終える寸前になったら、重なったホースの下に先端を通して輪を作ります。その輪を矢印方向に2回ねじります。

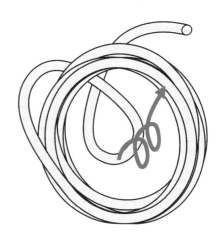

3 ねじったホースを図のように輪の上に出し、先端を手順**2**で作った外側の輪に通します。

4 先端を引き締めたら完成。

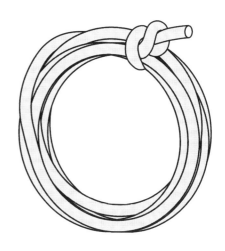

レジ袋の縛りかた

スーパーのレジ袋をゴミ袋代わりにするときには、後から追加できるよう、ほどきやすい結び目を作りましょう。

1 袋の中の空気を抜いてから、Ⓐとℬの取っ手をひと結びにします。

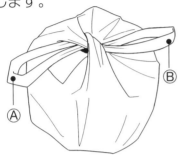

2 Ⓐの取っ手を持ち、半分に折ります。

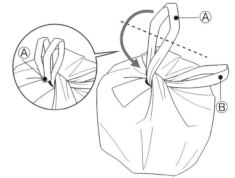

3 ℬの取っ手を、折ったⒶに巻きつけます。

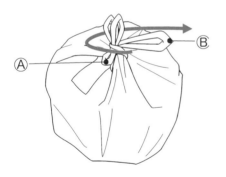

4 巻きつけた際に輪ができますので、そこにℬの取っ手の先端を通します。

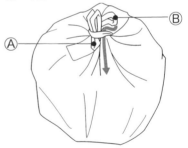

5 Ⓐの折り返しの部分と、ℬの取っ手を引き締めます。ほどくときはⒶを引くと簡単です。

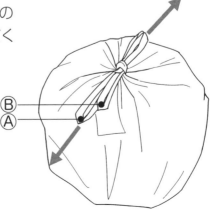

レジ袋のたたみかた

スーパーのレジ袋を取っておく際に、かさばらないようにするたたみかた。
コンパクトになるので場所を取りません。

1 レジ袋のシワを伸ばしてピンと広げたら、矢印のように半分に折ります。

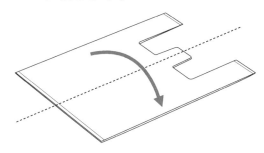

2 さらに半分に折ります。

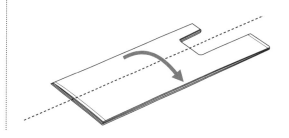

3 下の端が三角になるよう折り上げます。これを繰り返します。

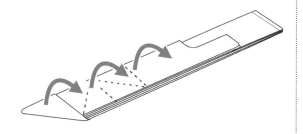

4 取っ手の部分まで折り上げると、図のような形になります。

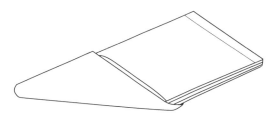

5 取っ手の部分を三角の中に差し込みます。

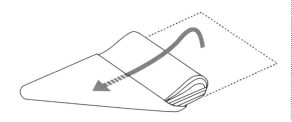

6 小さくまとまりました。これで完成です。

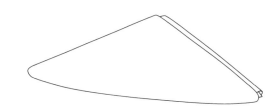

中身がいっぱいのゴミ袋の縛りかた

袋にめいっぱいまでゴミを入れて、閉まらなくなった経験があるのでは？
そんなときでもしっかり閉まる結びかた。

1 ゴミ袋の端を持ち、左右に広げるようにします。

2 広げたゴミ袋の口を、同じ方向に3、4回折り畳みます。

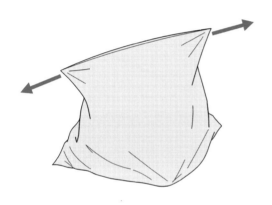

3 袋の口の両端を結びます。

4 もう一度、ひと結び。こうすることで本結びとなり、しっかりと閉じます。

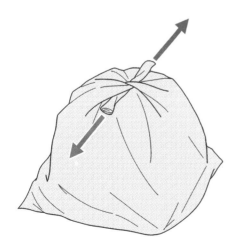

Lesson.16
取っ手のないゴミ袋の縛りかた

取っ手のないゴミ袋は閉めるのが難しいですが、切れ込みを入れるだけで簡単に密閉することができます。

1 ゴミ袋の片方の端をつまみ、ハサミで20センチほど点線のようにカットします。

2 ハサミで切った部分と、元の袋を左右の手それぞれで持ちます。

3 ★の場所を持ち、袋の口にぐるりと巻きつけます。

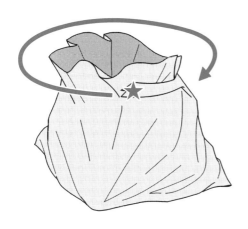

4 袋の口を縛って完成です。

大量の新聞・雑誌の縛りかた

新聞や雑誌の量が多いとひっくり返すのが大変。
置いたままで縛ることができるので、女性でも簡単にできます。

1 ひもを床に置き、輪を作ります。ひもが交差する部分が中心に来るよう、上から新聞や雑誌の束を置きます。

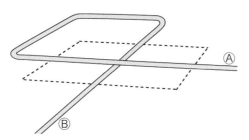

2 点線の位置に来るよう、輪を移動させます。

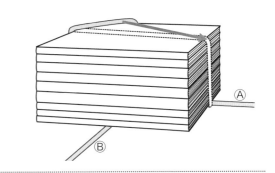

3 ひも④の先端を奥に移動させます。

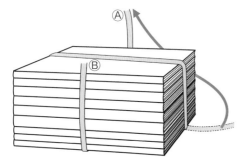

4 束の下では、ひもがこのように交わっている状態です。

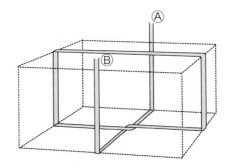

5 ④と⑧の先端を束にかかるひもに巻きつけ、その後、近づけます。

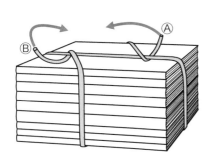

6 ④と⑧を本結び（12ページで紹介）したら完成です。

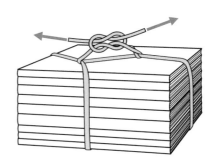

Lesson.18
サイズがバラバラな新聞・雑誌の縛りかた

大きさの違う新聞や雑誌でもきっちりとまとめるコツは、垂直方向だけでなく水平方向にも縛ること。

1 束になった本にひもを2回通した後、交差させます。

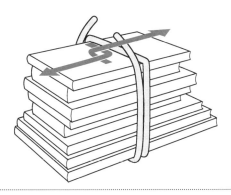

2 手順**1**で交差させたひもを下に通します。

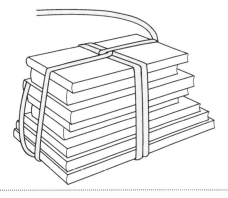

3 束の高さの中ほどで、ひもを交差させます。

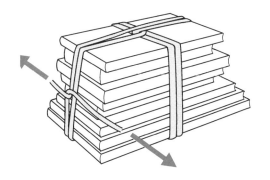

4 それぞれのひもを2回巻きつけていきます。

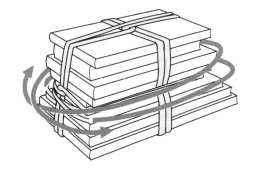

5 本の角で本結びにします。
これで完成。

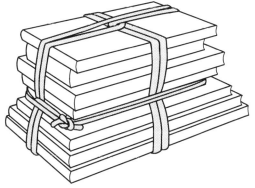

刃物の安全な包みかた

包丁などの刃物を捨てるときなどに用いる包みかたです。思わぬ怪我を
しないよう、取り扱いには十分に気をつけてください。

1 2枚重ねた新聞紙の上に
包丁を置き、包丁の峰側
の紙を内側に折ります。

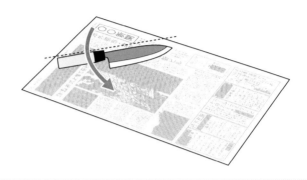

2 柄側の紙をその上に重ねて
折ります。

3 刃に合わせて、全体を折り込
みます。

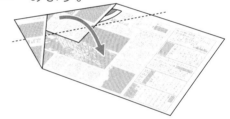

4 さらに1回折ります。

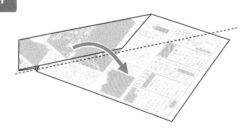

5 刃の先端側の紙を折ります。刃
が紙を突き破るのを防ぐため、
先端から約1センチあけましょう。

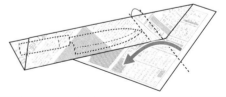

6 包丁全体を、残りの紙で包む
ように折ります。

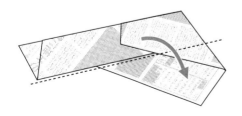

7 紙の端をテープでとめて、
完成です。

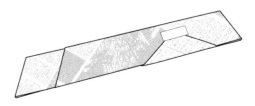

テーブルナプキンの折りかた

テーブルナプキンがあると、食卓が華やかになります。正方形のナプキンを使って、レストランのような折りかたを紹介。

1 裏側を上にしてナプキンを広げ、対角線に折ります。

2 図のように下部3センチほどを折ります。

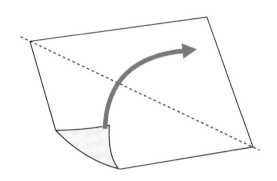

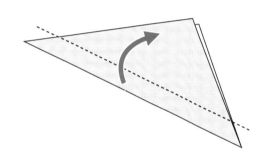

3 手順**2**で折った部分を、右端から外側に向けて巻いていきます。巻き終わったら、手順**2**でできた折り目に先端を差し込みます。

4 巻き終わりが裏になるように立てて置けば、完成です。

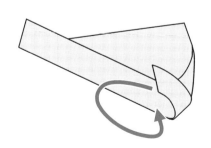

タオルのたたみかた

ホテルで用いられている、タオルがフワフワとなる素敵なたたみかた。
力を入れすぎないようにするのがコツです。

1 タオルを広げ、横に
三つ折りにします。

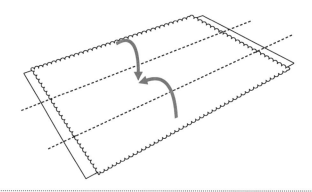

2 続いては縦に三つ
折り。バスタオルよ
り小さいフェイスタ
オルは、これで完成
となります。

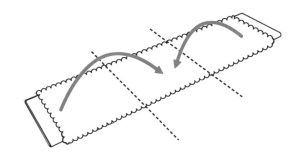

3 左側から二つ折りにしましょう。

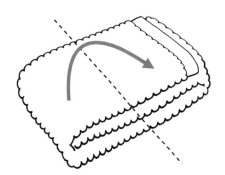

4 フワフワ感を残したまま形
を整えて、完成です。

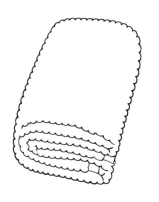

シーツのたたみかた

かさばりがちなベッドシーツは、縦に折りたたんでいくのがポイント。
厚みが出ないのですっきりとまとまります。

1 シーツの裏側を上にして広げて、図のように二つ折りにします。

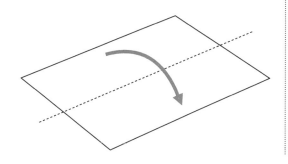

2 さらに二つ折りにして、細長くします。

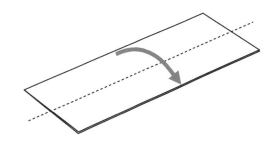

3 下部の4分の1程度を折ります。

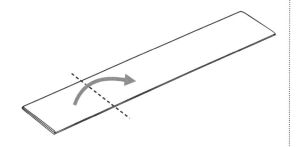

4 上部も同様に4分の1程度を折ります。このとき、中央部分に少し隙間を作っておきましょう。

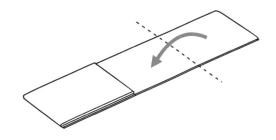

5 さらに二つ折りにします。中央に隙間を作っておいたので、スムーズに折れるはずです。

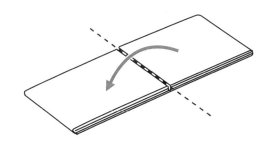

6 これで完成です。

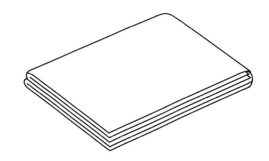

場所を取らない羽毛布団のたたみかた

厚みのある羽毛布団は、折りたたむだけだとかさばってしまいます。
丸めることで収納スペースを減らしましょう。

1 羽毛布団の表を広げ、下側3分の1を折ります。

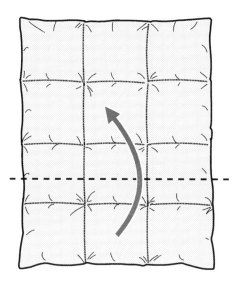

2 続いて上側の3分の1を折ります。

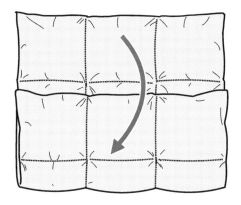

3 端から布団を巻いていきます。空気を抜くように意識するのがポイントです。

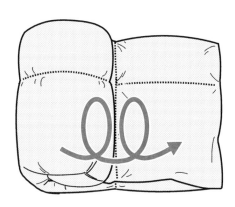

4 ひもで2〜3カ所結んで、完成です。

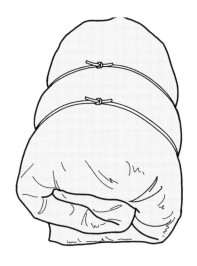

靴下のたたみかた

靴下は左右が離れないようにまとめておくのが基本。
四角くたたむことで収納しやすくなり、取り出すのも簡単です。

1 左右の靴下を重ねて置きます。

2 脚部分を半分あたりで二つ折りします。

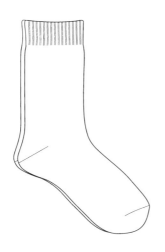

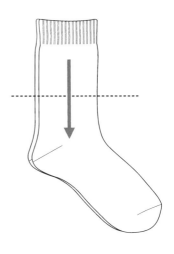

3 左右のつま先部分を重ねたまま、片方の靴下のゴム口部分に差し込みます。

4 完成です。

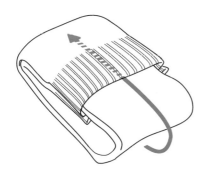

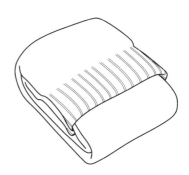

ジョギングにも向く スニーカーのひもの結びかた

穴の下からひもを通す「アンダーラップ」は、締まりすぎないのが特徴。
ジョギングシューズなどに向きます。

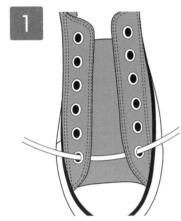

1 左右が同じ長さになるように、最もつま先側にある2つの穴に下からひもを通します。

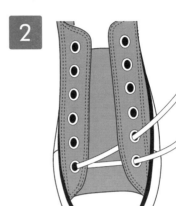

2 靴の内側の穴を通したひもを、外側のつま先側から2番目の穴に下から通します。

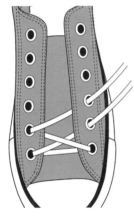

3 その後、内側のひもを外側の3番目の穴に下から通しましょう。

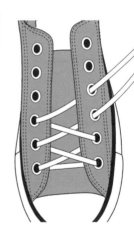

4 左右の靴ひもを交互に通していきます。

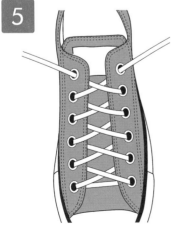

5 最上段の穴まで来たら、ひもの長さや引き締め具合を調整します。

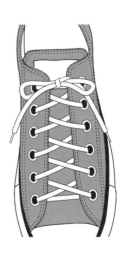

6 ちょうちょ結びにしたら完成です。

トラディショナルな革靴ひもの結びかた

最も伝統的な革靴のひもの結びかた。その洗練された見た目は、パーティなどフォーマルなシーンに最適です。

1 最もつま先に近い外側の穴と、内側の最後の穴に、それぞれ下から上にひもを通します。最もつま先に近い内側の穴を通したひもは、後にちょうちょ結びをするので、長さを残しておくこと。

2 外側のひもを、真横の穴に上から下に通します。上の穴の外側には、下から上にひもを通します。

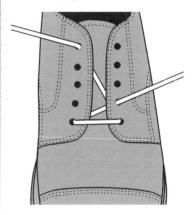

3 その隣の内側の穴には、上から下にひもを通します。

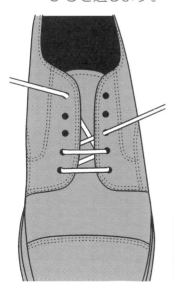

4 手順**2**と手順**3**を繰り返し、最後の穴までひもを通します。その後、ひもの長さが左右同じになるよう調整しましょう。

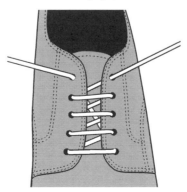

5 ちょうちょ結びをして、完成。

自転車の荷台に荷物をくくりつける方法

自転車の荷台に荷物を固定する結びかた。振動でひもがほどけてしまわないよう、しっかりと縛っておきましょう。

1 荷台の後方片側で、ひもで輪を作って、そこに両方の先端を通します。

2 ひもの両側を強く引いて固定します。このとき右側は短め、左側は長めにしておきましょう。

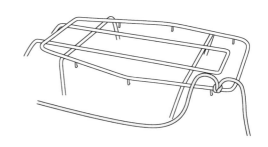

3 長く残しておいた方のひもを、荷台のひも掛けに引っかけながら、荷物を巻いていきます。

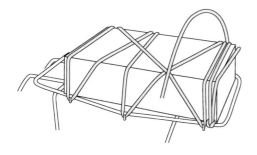

4 巻きつけているひもの先端を、荷物の角で二つ折りにして輪を作ります。短めに残しておいたひもを、そこに巻きつけます。

5 短いひもの先端を、図のようにして、長いひもで作った輪に通します。

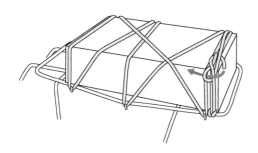

6 2本のひもの端を引いて、結び目を引き締めます。荷物がぐらつかないか確認をして完成です。

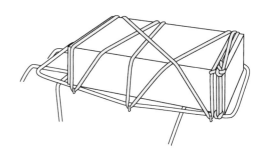

第2章

アウトドアで活躍する「結ぶ」「縛る」「たたむ」

箱を持ちやすくする縛りかた

ひもで取っ手を作ってしまえば、持ち運ぶときに力がいりません。
コツは持ち手の中央に重心がくるようにすること。

1 折ったひもを図のように1度結びます。これを「二重とめ結び」といいます。

2 荷物をひもで巻いて、二重とめ結びで作った輪に通します。

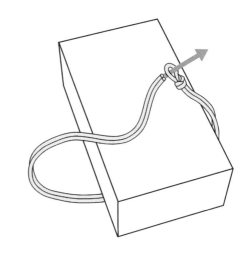

3 図のように荷物の逆側にもひもを巻き、矢印のようにひもをからめます。

4 中央のひもを渡した部分は持ち手になるので少し浮かせて、手順**3**で交差した部分でふた結び（10ページで紹介）にします。これで完成です。

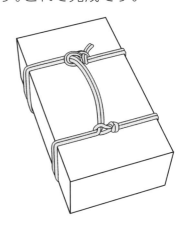

板を持ちやすくする縛りかた

絵画など、折り曲げられない板状のものを運ぶ際に、簡単に取っ手をつける方法を紹介。

1 ひもを二重とめ結びにします。

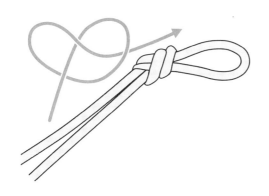

2 荷物の端から3分の1にひもをかけ、輪の部分に先端を通します。その後、3分の1の間隔をあけて図のようにひもを通します。

3 ひもⒶを図のように2回巻き、それぞれの巻きつけた部分の間に先端を通します。

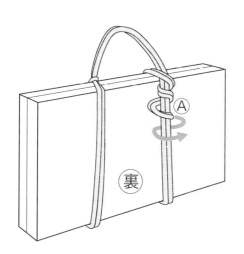

4 Ⓐの先端を引き締め、結び目が固定されているのを確認して完成です。

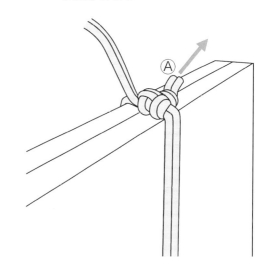

登山靴の結びかた（登り）

履きやすさはもちろん安全性も大事な登山靴。
まずは足首を固定する登りの結びかたです。

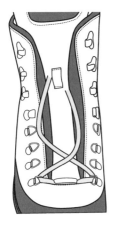

1 靴ひもは左右均等の長さになるようにして、両側の先端の穴に上から通します。

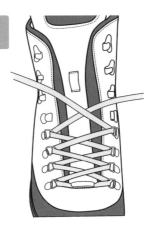

2 ひもを交差させるようにして、穴の上から通していきます。

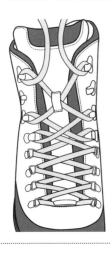

3 上から3番目のフックまで結んだら、ひとつ飛ばして一番上のフックにひもをかけます。

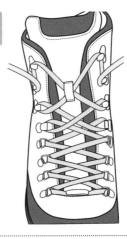

4 一番上のフックにかけたひもを、上から2番目のフックに外側からかけて、1回巻きつけます。これはほどけにくくするためです。

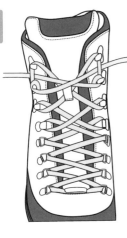

5 一番上と上から2番目のフックにかかるひもの裏側に、それぞれのひもを通します。

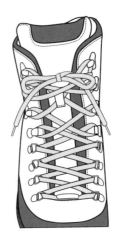

6 左右から引き締めるようにして、強めにちょうちょ結びをします。完成です。

登山靴の結びかた（下り）

靴を履いてかかとを床にトントンとすれば
つま先に余裕ができて下山時に足が痛みません。

1	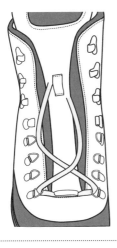	靴ひもを両側の先端の穴に下から通します。下から通すのは、靴ひもが動きやすく全体が均等に締まるため。
2	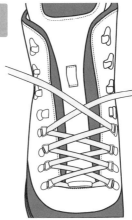	ひもを交差させるようにして、穴の下から通していきます。
3	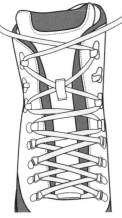	上から3番目のフックまで結んだら、ひとつ飛ばして一番上のフックにひもをかけます。
4	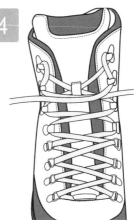	一番上のフックにかけたひもを、上から2番目のフックに外側からかけます。
5	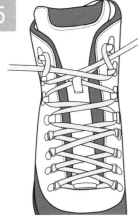	一番上と上から2番目のフックにかかるひもの裏側に、それぞれのひもを通します。
6		しっかりとちょうちょ結びをして、左右から引き締めて完成です。

丸太を運ぶのに便利な縛りかた

とても持てないほど重い丸太でも、縛って引きずることで簡単に運べます。

1 丸太の端の方にロープを回し、ひと結びをします。それからロープの先端を矢印のように2、3回巻きつけます。

2 それぞれのロープを引いて、結び目を締めます。

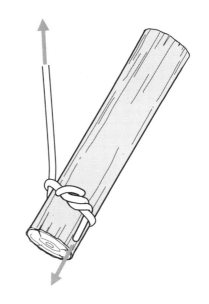

3 丸太のもう一方の端で、ロープをひと結び（10ページで紹介）にします。

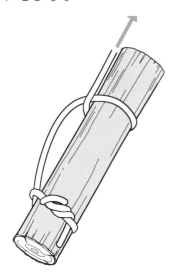

4 完成。ロープの先端を持って引きずれば、重い丸太でも運べます。

複数の棒をしっかり束ねる結びかた

棒などの長いものを束ねるときの結びかたをご紹介。
2カ所で束ねるようにすると、安定しほどけにくくなります。

---

1 ひもを敷いた上に、棒を重ねて
置きます。それからひもを棒全
体に巻きつけます。

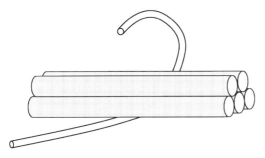

2 このとき、ひもが交差するよう
に巻きつけるのがポイント。

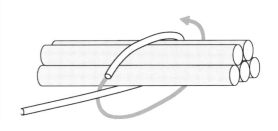

---

3 手順**2**でできた輪の中に、ひも
の先端を通します。

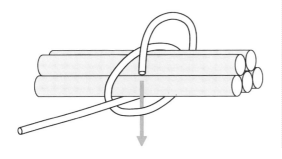

4 手前にあるひもを棒の奥に回し
ます。

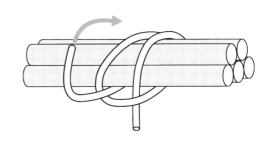

---

5 ひもの両端を引き、結び目を
固めます。

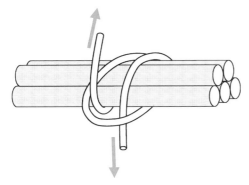

6 あまったひもをハサミなどで
カットして、完成です。

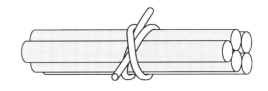

丸太を組む

複数の丸太を組む際に便利な縛りかた。
ぐらつかないよう、強く縛りましょう。

1	ロープを丸太に輪状にしてかけます。

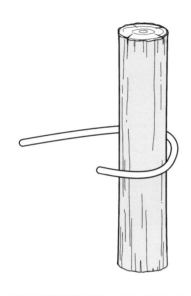

2	手順❶でできた輪に、ロープの先端を通してひと結びにします。

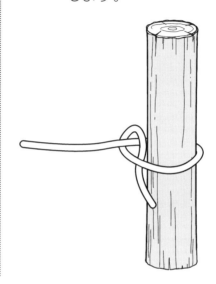

3	ロープの先端を矢印のように2、3回、輪に巻きます。

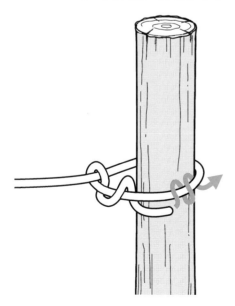

4	それぞれの方向からロープを強く引いて締めます。

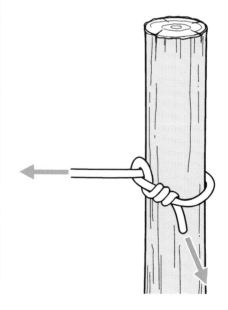

5 別の丸太を隣に置いたら、水平方向にロープを8回巻きます。

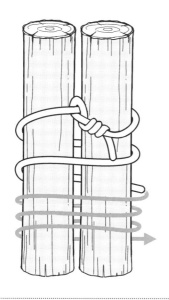

6 ぐらつきがないか確認した後、後から持ってきた丸太にロープを巻きます。

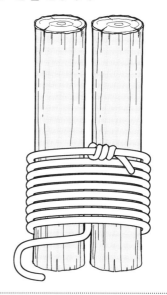

7 さらにもう1度巻きつけて、巻き結び（9ページで紹介）にします。

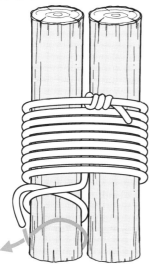

8 最後にロープの先端を強く引いて締めれば完成。

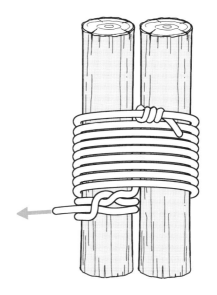

丸太を二脚に組む

二脚にした丸太は、キャンプで様々なものの土台にできる。
きつく締めすぎると、開かないので注意。

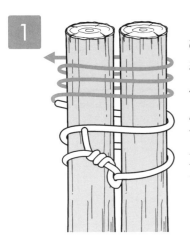

1 『丸太を組む』と同じ手順（４１ページの手順**5**参照）で、２本の丸太にロープを巻きつけます。

2 ロープを8回ほど巻いたら、丸太の間に通して、1回だけ巻いておきます。

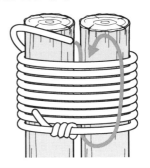

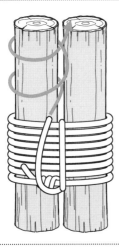

3 丸太の一方にロープを巻いていきます。

4 手順**3**で巻いたロープを巻き結び（9ページで紹介）にします。

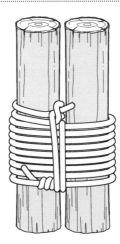

5 完成。開きすぎるときには、もう少し強く縛ること。

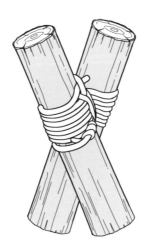

丸太を三脚に組む

キャンプでとても重宝するのが、この三脚。
何かを吊るしたり、イスにしたりと大活躍。

| 1 | 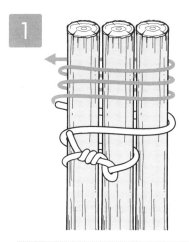 | 『丸太を組む』と同じ手順（41ページの手順 **5** 参照）で、3本の丸太にロープを巻きつけます。 |

| 2 | ロープを8回ほど巻きます。その後、左と中央の丸太の間に通して、1回だけ巻きます。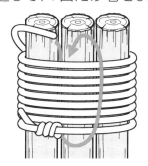 |

| 3 | 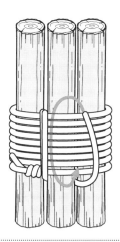 | 中央と右の丸太の間にも、ロープを通して巻きます。 |

| 4 | 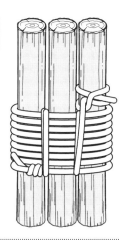 | ロープの先端は巻き結び（9ページで紹介）にして、固定します。 |

| 5 | 3本の丸太が安定して立つか確認して、完成です。 |

Lesson.10

すじかい縛り

木材などを斜めにして固定する際に使われる縛りかた。
ゆるまないよう、力を入れて縛りましょう。

| 1 | 丸太を斜めに交差させたら、図のようにロープで縛ります。これを「ねじ結び」といいます。 |

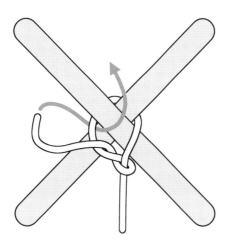

| 2 | 結び目を強く引いて固くしてから、水平方向にロープを巻きます。 |

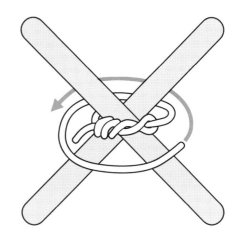

| 3 | 強く引き締めるようにして、ロープを複数回巻いていきます。 |

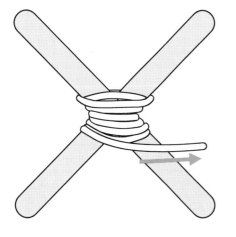

| 4 | 続いて、垂直方向にもロープを巻いていきます。 |

5 ロープを複数回強く巻いて、きちんと固定させます。

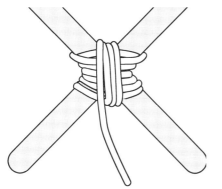

6 次に、図のようにしてロープを巻いていきます。

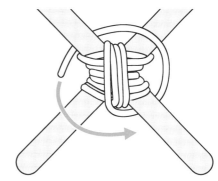

7 ロープを矢印のように巻きます。これを「割りを入れる」といいます。

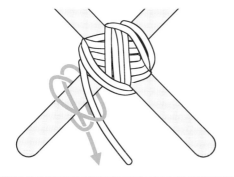

8 割りを入れ終わったら、図のようにして結びます。これを「固め結び」といいます。

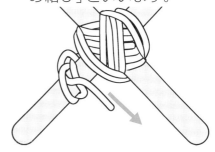

9 ぐらつきがないかを確認して、完成です。

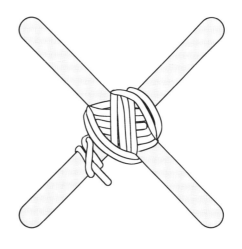

肉の縛りかた

チャーシューや煮豚を作る際に、肉が型崩れしてしまわないよう、前もってタコ糸で縛っておきます。

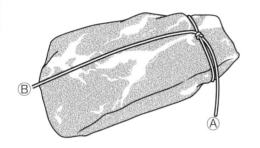

ブロック肉の端から2センチくらいをタコ糸で巻き、本結び（12ページで紹介）でとめます。このとき④を短く、⑧を長くとっておきましょう。

2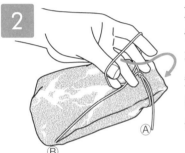

左手指の外側に⑧の糸をかけて、矢印の方向に持っていきます。

3 輪をブロック肉に通します。

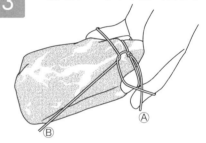

4

糸が十字になるよう交差させながら、約2センチ間隔で輪状にした糸をかけていきます。

5 ブロック肉の端まで糸をかけたら、ひっくり返します。糸が平行にかかっているので、図のようにして糸⑧を十字に交差させていきましょう。

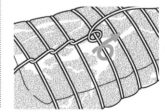

6 端まで糸をかけたらブロック肉を再びひっくり返し、④と⑧を本結び（12ページで紹介）にします。

7 あまった糸を切って、完成です。

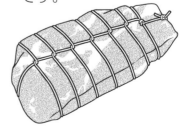

寝袋のたたみかた

寝袋の収納ポイントはとにかく空気を抜くこと！ 各工程で気をつければ
どんな形状でもコンパクトにできます。

1 収納袋より小さな幅で三つ折りにします。空気はしっかり抜きましょう。

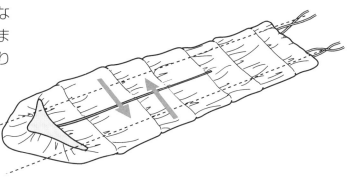

2 頭側から巻いていきます。ここでももちろん、空気を抜きながら進めること！

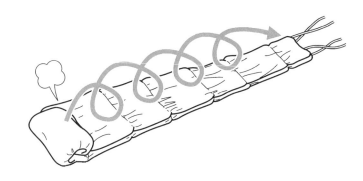

3 巻き終わったら、空気が抜けるようにギュッと押します。

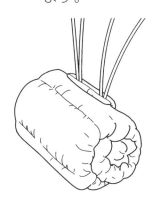

4 ひもでしばって固定します。

5 収納袋に入れたら完成です。

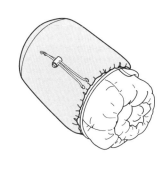

テントのたたみかた

適当にたたんで、次に使うときに苦労したことはありませんか?
この方法なら素早く簡単で次回も使いやすい!

1 支柱などの付属品を外し、全体を広げます。入口は上にしておきましょう。

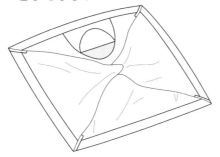

2 下から順に折っていきます。収納袋の大きさを確認し、それより小さな幅で折ること。

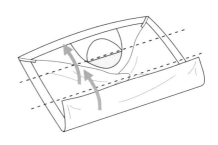

3 三つ折りにします。

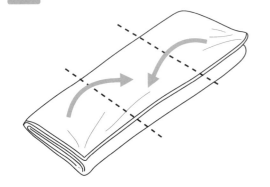

4 下から丸めていきます。空気をしっかり抜きながら進めるのがポイント。

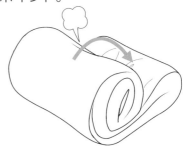

5 完成したら収納袋に入れましょう。

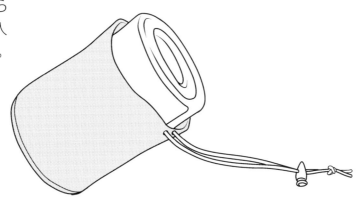

第 3 章

自分でできると楽しい「包む」「たたむ」

小銭を包む

元来、丸薬や粉薬を包む際に用いた折り方「薬包み」。
小銭をそのまま渡すことに気が引けるときなどに最適。

1 紙の上に、硬貨を図の
ように並べて置いて、
対角線に折ります。

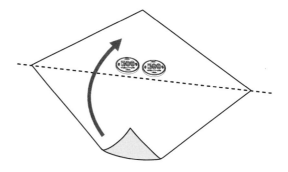

2 右側3分の1くらいで、内側に
折ります。

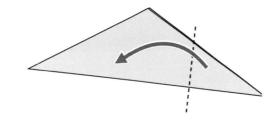

3 左側も3分の1くらいで折り、
その先端を手順**2**で折った部
分に差し込みます。

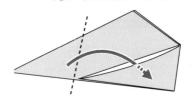

4 図のように、上部を斜めに折り
ます。

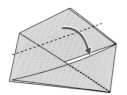

5 続いて矢印の方向に折ります。

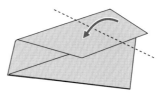

6 紙があまったら、見えないよう
に内側に折り込みます。

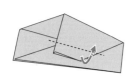

7 完成です。

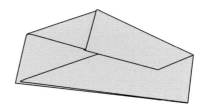

お金を包む

お金を封筒などに入れる際には白い紙に包みます。これを「中包み」といいます。祝儀はお札を表に、不祝儀では裏にします。

1 お金を包むのには、奉書紙や半紙を用います。これの裏側を上にして、お札は表が上になるように置き、下から折ります。

2 続いて左から折ります。

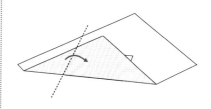

3 次は右側から折ります。

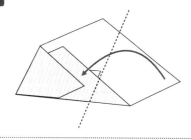

4 お札のサイズに合わせて上を折ります。

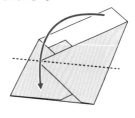

5 もう一度お札のサイズで折ります。

6 ひっくり返して、あまった部分を折ります。

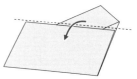

7 折り目がきちんと折れているか確認します。

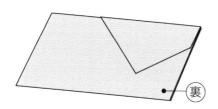

裏

8 完成。三角の部分が左上に来るようにして、封筒に入れます。

表

ふくさで祝儀袋を包む

祝儀袋を持参する際には、ふくさで包むのがマナー。
正しい方法がありますので、ぜひ覚えておきましょう。

1
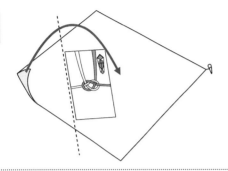
ふくさにツメがあるなら、そちらを右側にして布を広げます。中央よりもやや左側に祝儀袋を置き、左側からたたみます。

2 続いて上からたたみます。
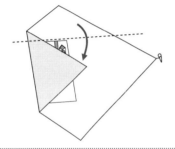

3 次は祝儀袋の下からたたみます。
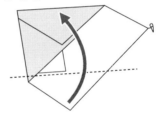

4 右からたたみます。
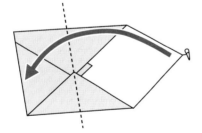

5 裏側でツメをとめます。
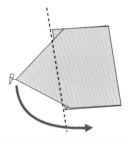

6
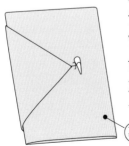
裏側はこのようになります。ツメがない場合は、たたむだけで構いません。

7

表の左側の上下に三角形ができているのを確認して完成です。

ふくさで不祝儀袋を包む

不祝儀袋の包み方は、祝儀袋とは異なるので注意。
ふくさは慶事、弔事の両方で使える紫色があると便利です。

1

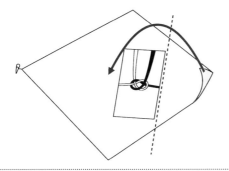

不祝儀袋をふくさの中央の
やや右側に置き、右側から
たたみます。

2 不祝儀袋の下側をたたみます。

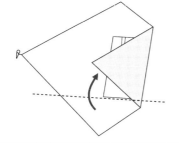

3 続いて、上側からたたみます。

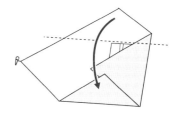

4 最後に左側をたたみます。

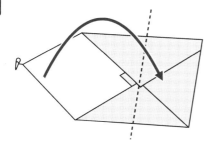

5 裏側でツメをとめます。

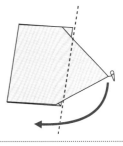

6

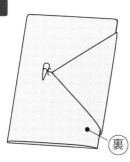

裏側はこのよ
うになります。
ツメがない場
合は、たたむだ
けで構いませ
ん。

7

祝儀袋とは反
対に、表の右
側の上下に三
角形ができて
いることを確
認しましょう。

ふろしきの定番の包みかた

贈り物を持参するときなどに用いたい包みかた。左右から包むので、見栄えがよいだけでなく安定性にも優れます。

1 ふろしきの中央に包みたいものを置きます。

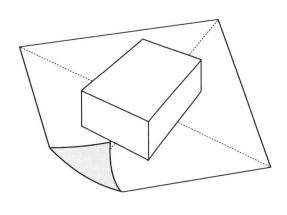

2 片側からふろしきをかぶせます。

3 続いて反対側のふろしきをかぶせます。

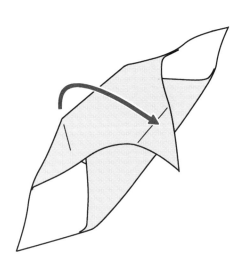

4 残ったふたつの端を持ち上げて結び、完成です。

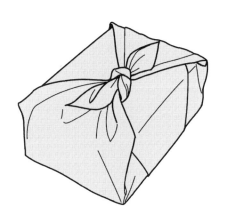

Lesson.6

ふろしきのフォーマルな包みかた

包むものが大きすぎて、結び目が小さく不恰好になってしまうときには、「かくし包み」で結び目を覆います。

1 中央に包むものを置きます。

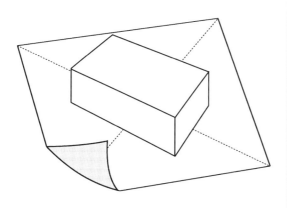

2 左右からふろしきをかけて結びます。

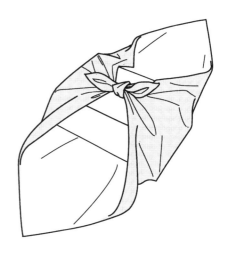

3 残った二辺のうち片方の布地を結び目の下に通します。

4 最後の一辺で荷物を上から覆い、結び目を隠します。これで完成です。

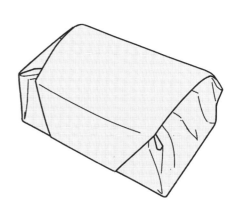

Lesson.7

ふろしきをバッグにする

ふろしきを持ち歩いていれば、ちょっとした買い物でバッグ代わりに使えます。レジ袋の節約にも繋がりますね。

1 裏側を表にして、ふろしきを三角形の二つ折りにします。

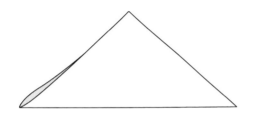

2 右の先端を結びます。

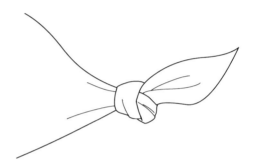

3 左も同様にします。

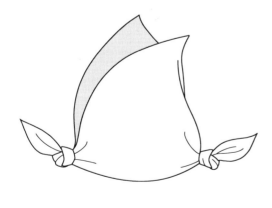

4 ふろしきを裏返しにします。表面が外側になり、結び目も見えなくなりました。中に物を入れたら、結んでいない一辺を結んで持ち運びます。

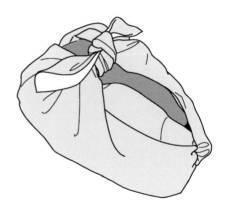

ふろしきで瓶を包む

一升瓶を包むなら二四幅（約90センチ）のふろしきを使うのがベター。
持ち手の部分はしっかりと結びましょう。

1 ふろしきの中央に、一升瓶を立てて置きます。

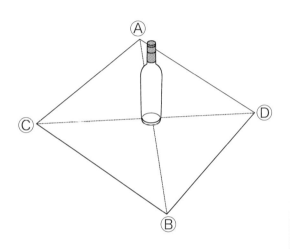

2 対角線上にある⒜と⒝を、瓶の口の上で結びます。

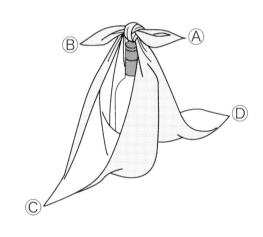

3 ⒞と⒟を瓶の正面で結びます。

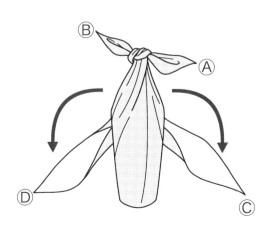

4 完成です。⒜と⒝の結び目をさらに結ぶと、持ち手が作れます。

シャツのたたみかた

片付けやすく、シワになりにくいのが特徴。収納するスペースに合わせて、横幅を調整できるのがポイントです。

1 ボタンの一番上、真ん中あたり、一番下の3カ所をとめます。

2 後身頃を表にしたら、片側の袖から肩にかけてを図のように折ります。

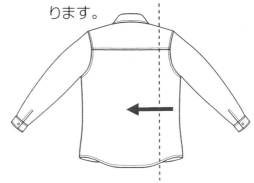

3 袖はまっすぐ下に折っておきましょう。

4 もう片方の身頃も同様に折り、袖も折っておきます。

5 Ⓐ、Ⓑの順に三つ折りにします。

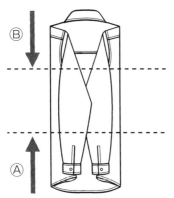

6 シワがあれば伸ばして、完成です。

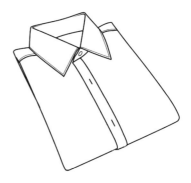

Lesson.10

ジャケットのたたみかた

ジャケットを脱いで持ち歩くときには、シワにならないようにたたみます。
ビジネスシーンでも役に立つトラディショナルな方法です。

1

図のようにしてジャケットを持ちます。

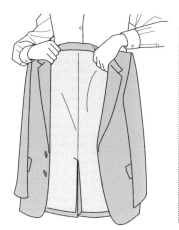

2

ジャケットの左半身部分を裏返し、肩のあたりがシワにならないよう整えます。

3

ジャケットの右半身部分は裏返さず、肩部分が左半身部分の肩の部分と重なるように押しこみます。

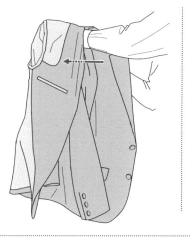

4

首の部分や襟元を引いて、形を整えます。

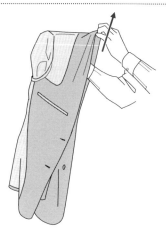

5

裏返しになったジャケットの中心を持つようにして、左手を添えます。

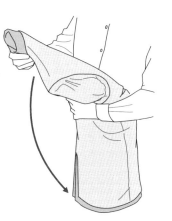

6

二つに折って完成です。

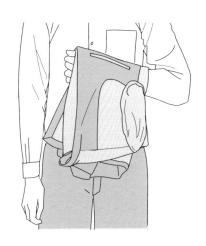

セーターのたたみかた

かさばりがちなセーターをコンパクトにたたむ方法です。
折る回数を少なくすれば、厚くなりません。

1 前身頃を表にした状態で、片方の袖を真横に水平に折ります。

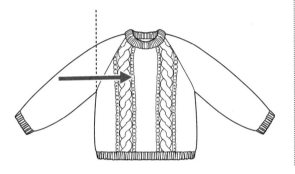

2 もう片方の袖も同様に折ります。

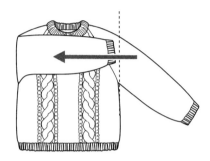

3 下から上に向けて、二つ折りにします。

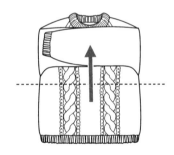

4 今度は縦に二つ折りします。

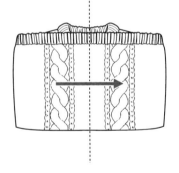

5 完成。だいぶコンパクトになりましたね。

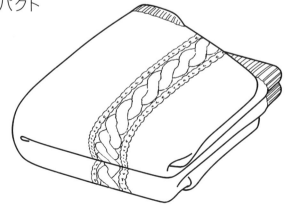

Lesson.12

コートのたたみかた

コートを長い時間しまっておく際、シワ防止に役立つのがラップの芯。折り目がつかないので便利です。

1 コートは前身頃を上にして、ボタンをとめます。その上にシャツを重ねて置きます。

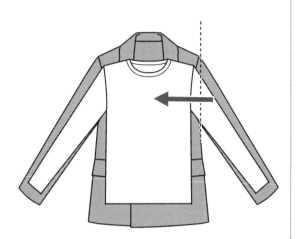

2 シャツと一緒にコートの片方の袖を内側に折りこみます。

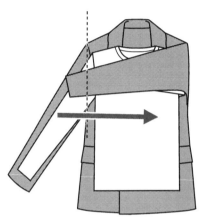

3 手順**2**のようにして、もう片方も袖を折ります。中央にラップの芯や棒状にしたタオルを真横に置き、下から上に向かって折ります。

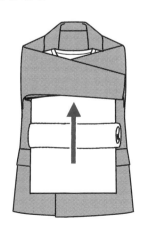

4 これで完成です。

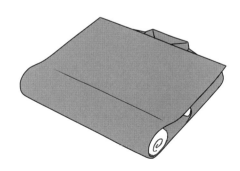

シンプルなラッピング

贈り物をする際に、よく用いられるシンプルな包みかた。
誰でも簡単に手早くできるのでマスターしておきましょう。

1

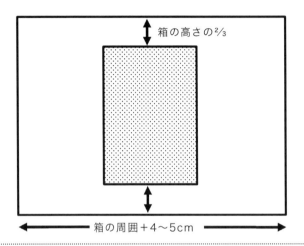

箱の高さの²⁄₃

包み紙は、箱の周囲より4〜5センチ長いものを用意します。その上に、図のような配置で箱を置きます。

箱の周囲＋4〜5cm

2 右側の紙の端を1〜2センチ程度折ります。

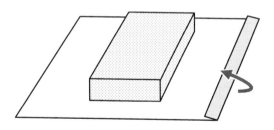

3 右側の紙を折って、箱の中心部分までとどくか確認。とどかなければ、箱を動かしてとどくようにします。

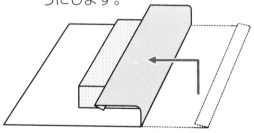

4 箱を決まった位置に置いて、左側から折ります。

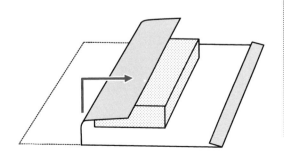

5 続いて、右側から折ります。このとき、紙がピシッとするように折りましょう。

| 6 | たるみのない状態で、合わせ目をセロテープ等でとめます。 |

| 7 | 上下の紙を均等な長さにしてから、手前側の上部の紙を下へ折ります。 |

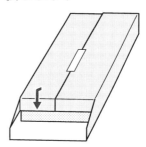

| 8 | 続いて左右を折ります。 |

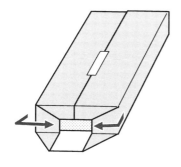

| 9 | 手前の下の紙を上に折ります。左右の紙と交差する位置に、目立たないよう印をつけます。 |

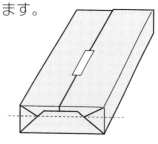

| 10 | 下の紙を、印をつけた位置で内側に折ります。 |

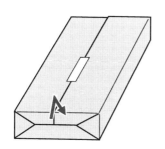

| 11 | 合わせ目をセロテープ等でとめます。反対側も同じ手順で包装して、完成です。 |

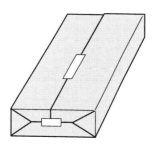

円筒状の物のラッピング

円筒状のギフトボックスに入った品物を人に贈るときなどに便利な包み
かた。紙をきつく巻くのがコツです。

1
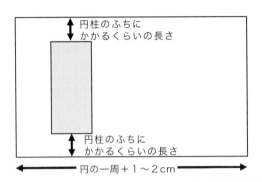

円柱のふちに
かかるくらいの長さ

円柱のふちに
かかるくらいの長さ

← 円の一周＋1〜2cm →

包装紙の大きさは、縦が
筒の高さ＋円の直径、横
は円周＋1〜2センチが
目安です。

2 図のように筒を置き、紙をきつく
巻きつけます。

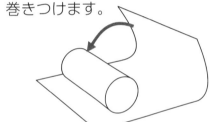

3 重なった部分をテープでとめます。
ゆるまないように注意しましょう。

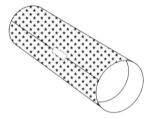

4 円に沿うように折り込みます。
折り目は中心に寄せましょう。

5 すべて折り込んだら、中心を
テープで固定します。

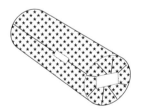

6 紙でフタを作って貼ります。円筒
より少し小さめの円にすると、美
しく出来上
がります。

7 反対側も同様に包んで完成です。

第4章

緊急・防災時の
ための
「結ぶ」「縛る」

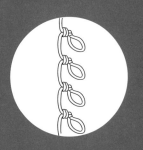

指に包帯を巻く

指に包帯を巻くときは、怪我をした指と手首に包帯を巻きつけます。最小限にすれば、ほかの部分が動かしやすくなります。

1 負傷した指に包帯をかぶせたら、指先側に折り返しします。

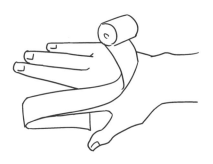

2 図のように、指先側から包帯を巻いていきます。

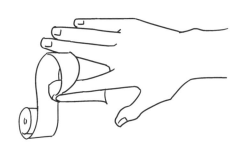

3 指の付け根まで巻き終えたら、包帯を手首にまわして数回巻きつけましょう。

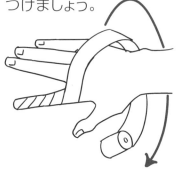

4 負傷した指の間から包帯を通し、もう一度手首に巻きつけます。

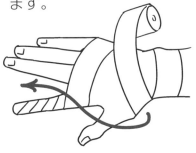

5 包帯の巻きの部分を切り離し、包帯の先端に縦の切れ込みを入れて、一方を手首に巻きつけます。

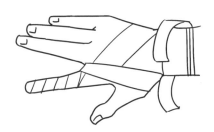

6 もう一方の先端と本結び（12ページで紹介）にして包帯をとめます。

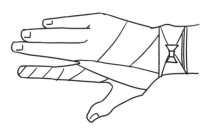

腕に包帯を巻く

包帯を巻くときは転がすように巻きます。
締め付けすぎて血流を阻害しないようにしましょう。

1 最初は包帯の端を少し斜めに
あてます。

2 そこから端が少し出るように
して、真横にひと巻きします。

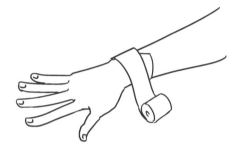

3 はみ出した端を折りこみます。

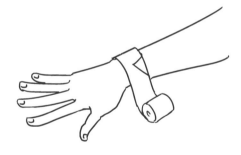

4 折りこんだ端の上にひと巻
きし、ずれにくくしてから患
部を巻いていきます。

5 先端に縦の切れ込みを
入れます。

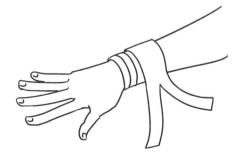

6 一方をひと巻きし、もう一方
と本結びにして包帯をとめ
ましょう。

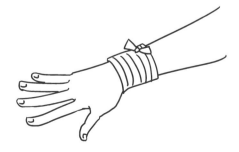

Lesson.3

関節に包帯を巻く

関節に包帯を巻くときには、常に同じ基点で包帯を巻いていく
「亀甲帯」という巻き方を用います。

1 負傷している関節よりも、少し下で2回、包帯を巻きます。

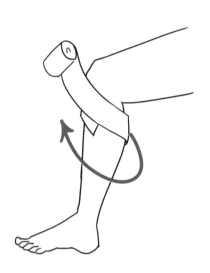

2 次に関節で1度包帯を巻き、さらに関節よりも少し上でひと巻きします。

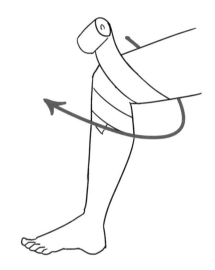

3 手順■で巻いた箇所よりも少し下でひと巻きし、巻く位置を上下にずらしながら繰り返し巻いていきます。

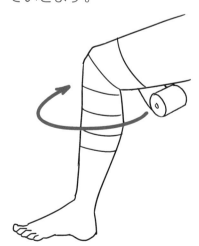

4 数回巻き終わったら、「腕に包帯を巻く」(67ページで紹介)と同じ手順で包帯をとめます。

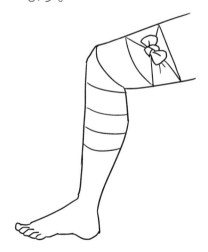

三角巾で足を固定する

骨折したときには、固定することが重要です。
三角巾と添え木を使えば、応急的に固定することができます。

1 膝や足首に折りたたんだハンカチを挟み、添え木を足にあてましょう。

2 八つ折りにした三角巾を2つに折り、できた輪に端の一方を膝上で通します。

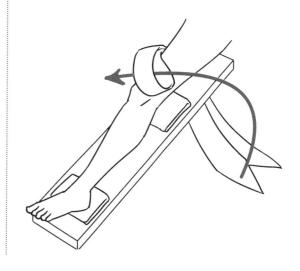

3 輪に通した端ともう一方の端を本結び（12ページで紹介）にします。

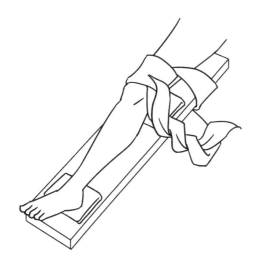

4 足首、ふとももの順に、同じ要領で三角巾を巻き、足を固定します。

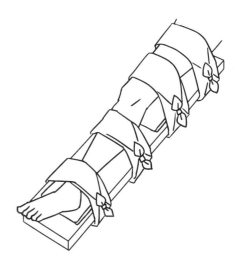

69

三角巾を結ぶ(腕)

骨折や骨にヒビが入ったときなど、腕をしっかりと固定する必要があるときには三角巾を使うのが便利です。

1  三角巾の長い辺を、体と平行になるよう縦にします。それから頂点をわきの下に挟みこんで、胸元で布地を手でおさえます。

2  三角巾の下の端を、腕を固定する方の肩にかけます。

3 上側にある2つの端を首の後ろに回します。

4 端と端を首の後ろで本結び(12ページで紹介)します。

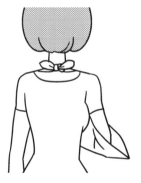

5 固定する腕のひじ部分にある頂点を1回結びます。

6 結び目を内側に折って入れれば完成です。

三角巾を結ぶ（足首・ねんざ）

三角巾は腕の怪我に用いるだけでなく、足首をねんざしたときに固定するのにも使えます。

1 巻くようにして細長くした三角巾を、靴の裏から土踏まずにあてます。

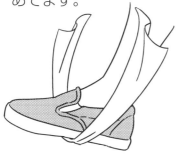

2 図のように、かかと側でクロスさせましょう。

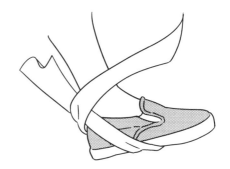

3 図のように、端を通します。これを両端やります。

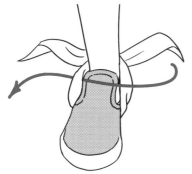

4 しっかりと引っ張り、足首を固定しましょう。

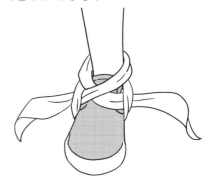

5 両端を前にもってきて、足の甲の上で結びます。

6 端を引っ張って結び目を締めたら完成です。この方法は裸足のときにも有効です。

ネクタイを使って止血する(腕)

緊急時、包帯や三角巾がなくとも、身近なネクタイとハンカチを使って
止血をすることができます。

1 傷口の位置を確認し、可能であ
れば消毒をします。

2 清潔なハンカチを折りたた
み、傷口にあてます。

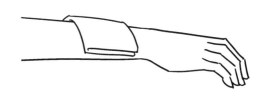

3 ハンカチの上から、
ネクタイを太い方
の端から強く巻い
ていきます。

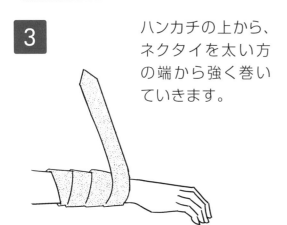

4 ネクタイの細い方
の端にガムテープ
を張り、ゆるまない
ように固定します。

5 これで完成です。ゆるいと止血の効果がないので、きちんと締め付ける
ようにしましょう。

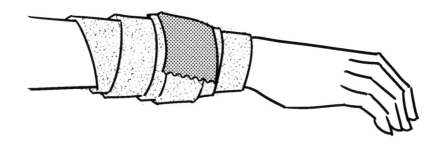

Lesson.8

ネクタイを使って止血する(頭)

腕だけでなく、ネクタイとハンカチを使った方法は頭の傷にも応用することができます。

1 傷の位置を確認し、可能であれば消毒をします。

2 清潔なハンカチを折りたたみ、傷口にあてます。

3 ネクタイの太い方の端から、ハンカチを覆うようにあてがいます。

4 ハチマキのように巻いていきます。ゆるくならないように注意しましょう。

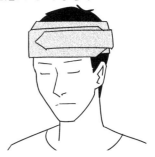

5 ガムテープで固定すれば完成です。目や耳をふさがないようにしましょう。

ロープを固定する結びかた

緊急の際に簡単にはずれないよう、しっかりと固定するロープの結びかた。コツは最初に結び目を作っておくことです。

1 棒などに巻きつけるロープの途中に、ゆるい結び目を作ります。そこに先端Ⓑを図のように通します。

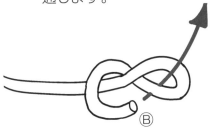

2 先端Ⓑを再度結び目に通します。

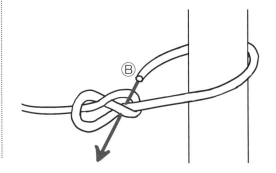

3 先端Ⓑを図のように通します。

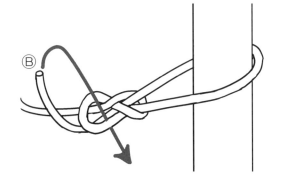

4 棒に巻いたロープの輪に、先端Ⓑをぐるりと回します。

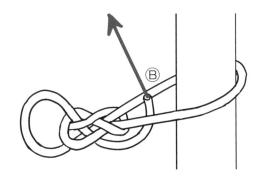

5 矢印のようにして、先端Ⓑを結び目に通します。

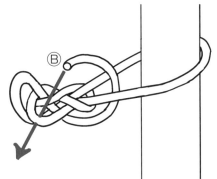

6 ⒶとⒷを引き、結び目を引き締めて完成です。

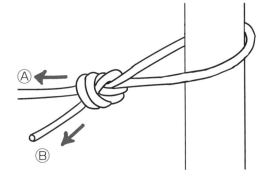

即席縄ばしごをつくる

等間隔で輪状の足がかりを作れば、即席の縄ばしごが完成。体重をかけても輪が変形しない結びかたです。

1 丈夫なロープを二つ折りにします。

2 折ったロープの先端で輪を作ります。

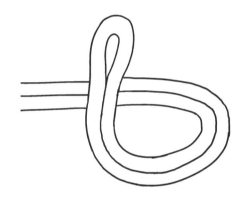

3 人の足が入るほどの大きさに、両端を強く引き締めます。

4 等間隔に同じ大きさの輪を作っていきます。これで完成です。

水難救助用の命綱をつくる

溺れている人にロープを投げるとき、先端にコブがあると、遠くへ正確に投げることができます。

1 まずは先端に止め結びを作りましょう。

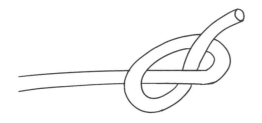

2 図のように3つの輪を連続して作り、そのなかに先端を通します。

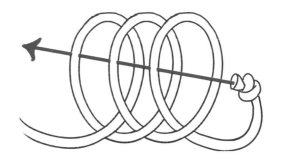

3 先端と元側を引っ張って、結び目を締めましょう。

4 完成です。コブがあると、滑ることなくロープを掴めます。

Lesson.12

シーツをロープの代わりに使う

非常用のロープがいつでもあるわけではありません。そんなとき、ロープの代わりになるのがシーツです。

1 一方のシーツの端で輪を作り、もう片方の端を通します。

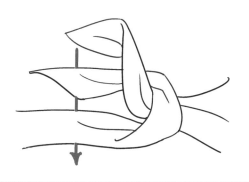

2 端を奥側からまわし、図のようにして隙間に入れます。

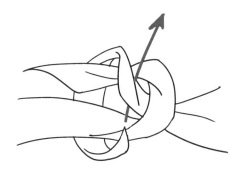

3 ここまでは一重つぎ（11ページで紹介）の要領です。

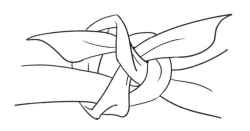

4 両端と両方の元側を引っ張り、固く結びます。

5 一重つぎのすぐ近くに、残った端を結びます。これを両側でおこないます。

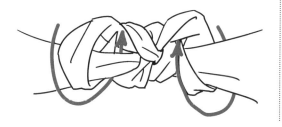

6 端を引っ張って締めたら完成です。

Lesson.13

おんぶひもを使う

おんぶひもは色々なことに使用することができます。専用のおんぶひも
だけでなく、兵児帯でも代用できます。

1 こどものわきにおんぶひもを
通し、背負います。

2 前でクロスさせます。左から
持ってきた方を上にするよう
にしましょう。

3 上にクロスさせた方を背後に
回します。

4 こどものお尻を包みます。

5 手順**4**で巻いた布を手前に持ってきます。その後、腰をまたがせるように、こどもの足を広げます。

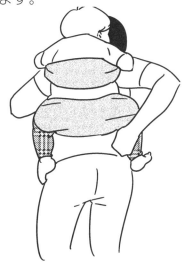

6 下にクロスさせた方も、後ろに回していきます。

7 同じ要領でこどものお尻を包み、前へ持っていきましょう。

8 最後に前でちょうちょ結びをすれば、完成です。

イラストでよくわかる 結び方 包み方

2022 年 9 月 20 日第一刷

編　者　　　快適ライフ委員会

編集協力　　株式会社　開発社

イラスト　　ほんだあきと
　　　　　　くみハイム

発行人　　　山田有司

発行所　　　株式会社　彩図社
　　　　　　東京都豊島区南大塚 3-24-4
　　　　　　ＭＴビル　〒170-0005
　　　　　　TEL：03-5985-8213　FAX：03-5985-8224

印刷所　　　シナノ印刷株式会社

URL　　　　 https://www.saiz.co.jp
　　　　　　https://twitter.com/saiz_sha